Roda-roda Perlumbaan Persahabatan

The Wheels The Friendship Race

Inna Nusinsky

Ilustrasi oleh Michael Jay Roque

www.kidkiddos.com

support@kidkiddos.com

First edition

Translated from English by Najibah Abu Bakar
Terjemahan daripada Bahasa Inggeris oleh Najibah Abu Bakar

Library and Archives Canada Cataloguing in Publication Data
The Friendship Race (Malay English Bilingual Edition)
ISBN: 978-1-5259-4058-3 paperback
ISBN: 978-1-5259-4059-0 hardcover
ISBN: 978-1-5259-4057-6 eBook

Please note that the Malay and English versions of the story have been written to be as close as possible. However, in some cases they differ in order to accommodate nuances and fluidity of each language.

Jonny si kereta melihat dirinya sendiri pada tingkap kedai. Betapa kacaknya dia! Dan betapa lajunya – malah dia boleh mengalahkan kereta lumba!

Jonny the car looked at himself in the shop window. How handsome he was! And what speed – he could beat even race cars!

"Saya adalah kebanggaan kejiranan ini," dia menjerit.

"I'm the pride of the neighborhood," he yelled.

Seketika kemudian, bunyi brek dua kali menghancurkan angan-angannya.

Just then, two braking sounds broke his daydream.

Mereka ialah kawan-kawannya: Mike si basikal dan Scott si skuter.

There were his friends: Mike the bike and Scott the scooter.

"Hai Jonny!" kata kawan-kawannya. "Apa khabar?"

"Hey Jonny!" his friends said. "What's up?"

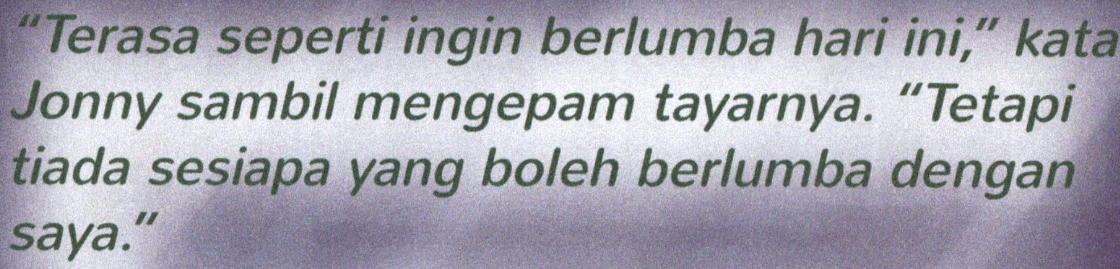

"Terasa seperti ingin berlumba hari ini," kata Jonny sambil mengepam tayarnya. "Tetapi tiada sesiapa yang boleh berlumba dengan saya."

"Feeling like a little race today," said Jonny, puffing his tires. "But there's no one I can race with."

"Kami boleh berlumba dengan awak!" kata Mike dengan teruja.

"We can race with you!" said Mike with excitement.

"Itulah gunanya kawan-kawan!" tambah Scott.

"That's what friends are for!" added Scott.

Jonny tidak menunjukkan minat yang tinggi. "Mmm... Seorang juara memerlukan yang setanding untuk berlawan dengannya."

Jonny didn't show much enthusiasm. "Mmm... A champion needs an equal to compete with."

Mike dan Scott berpandangan antara satu sama lain.

Mike and Scott looked at each other.

"Adakah kami tidak bagus?" tanya Mike.

"Are we not good?" asked Mike.

"Oh, awak bagus," Jonny membuat mimik muka pada tingkap kaca. "Tetapi tidak cukup bagus."

"Oh, you're good," Jonny made a face in the glass window. "But not good enough."

"OK, Jonny," kata Scott. "Kami mencabar awak untuk berlumba sekarang! Mari kita berlumba di Jalan Bukit dan lihat siapa yang menang."

"Okay, Jonny," said Scott. "We challenge you to a race right now! Let's do Hill Road and see who finishes first."

Jonny menimbangkannya sambil tersenyum sinis.

Jonny considered it with a smirk.

Apabila mereka sampai di Jalan Bukit, perlumbaan dimulakan.

As they reached Hill Road, the race began.

Ia bermula dengan pendakian yang curam. Jonny mengaum dan dalam beberapa saat telah melepasi lereng bukit.

It started with a steep climb. Jonny roared and in seconds was over the incline.

Mike si basikal sudah melepasi separuh jalan... Tetapi kasihan Scott si skuter yang termengah-mengah dan tercungap-cungap, mendaki perlahan-lahan.

Mike the bike was already half way... But poor Scott the scooter was huffing and puffing, slowly climbing up.

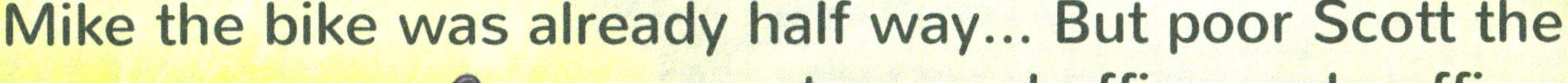

Jonny

Jonny sampai ke atas bukit dan berhenti. Dia melihat pada cermin sisi – kawan-kawannya jauh ketinggalan di belakang.

Jonny reached the hill and stopped. He looked at the rearview mirror – his friends were far behind.

Dia kebosanan. Sekurang-kurangnya muzik di radio sangat merdu! Dia memejamkan matanya dan mula bergerak mengikut rentak muzik.

He was bored. At least the music on the radio was good! He closed his eyes and started moving to the beat.

Tiba-tiba, sesuatu berdengung melepasinya. Hanya asap yang kelihatan. Mike?

Suddenly, something whirred past him. There was only smoke. Mike?

Sebelum sempat dia mengatakan sepatah perkataan, sesuatu yang lain pula berlalu. Jonny melihat melalui asap yang menghilang—itu ialah Scott!

Before he could say a word something else went by. Jonny looked through the disappearing smoke — that was Scott!

Tidak boleh jadi! Sekarang dia berasa panik. Dia perlu menang!

No way! Now he panicked. He should win!

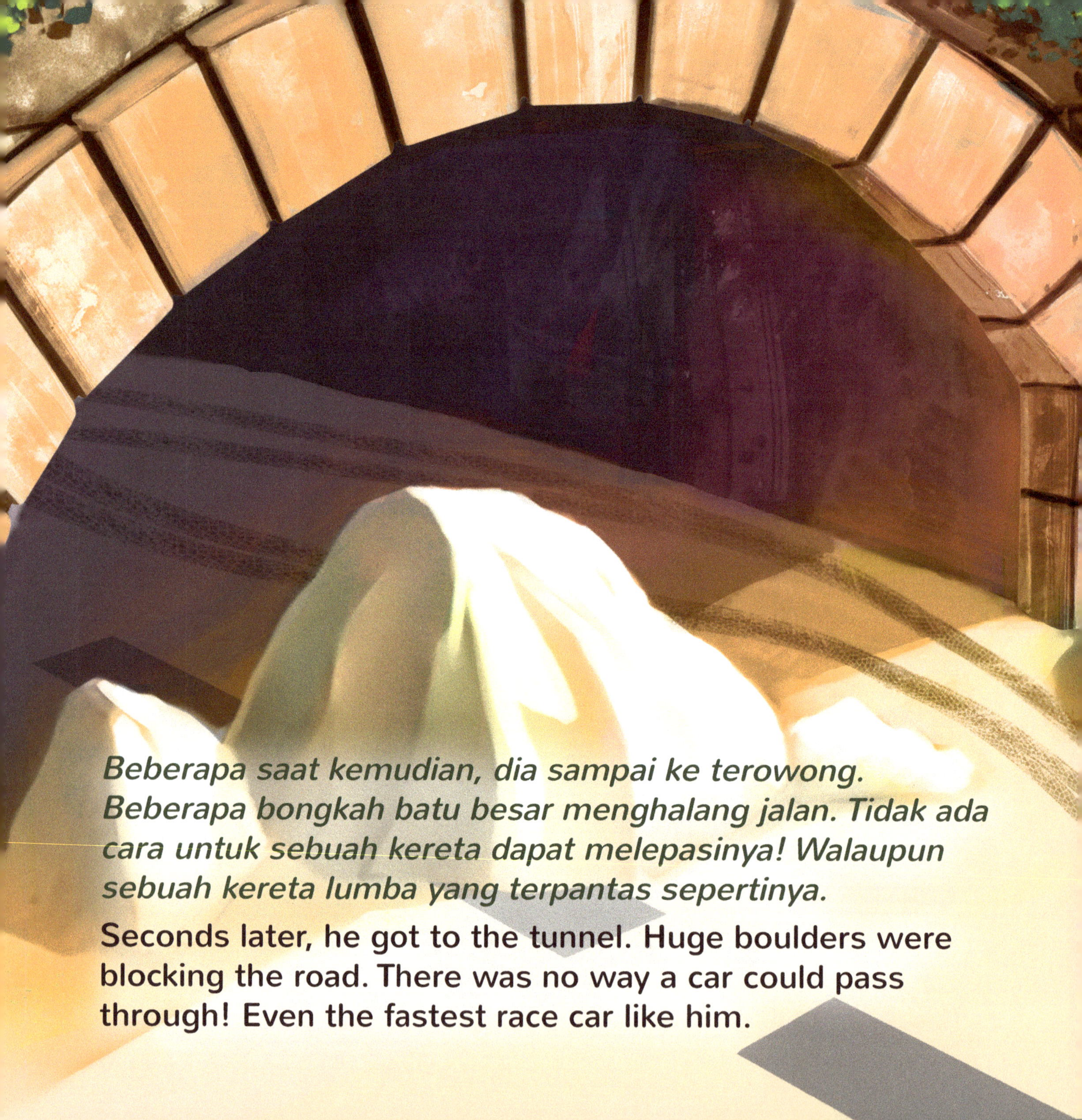

Beberapa saat kemudian, dia sampai ke terowong. Beberapa bongkah batu besar menghalang jalan. Tidak ada cara untuk sebuah kereta dapat melepasinya! Walaupun sebuah kereta lumba yang terpantas sepertinya.

Seconds later, he got to the tunnel. Huge boulders were blocking the road. There was no way a car could pass through! Even the fastest race car like him.

Akan tetapi, dia nampak kesan tayar Mike dan Scott. Mereka berjaya mencari jalan melepasi bongkah batu itu! Jonny mengeluh.

But then, he saw the tire marks of both Mike and Scott. They had negotiated their way around the stone boulders! Jonny sighed.

Sementara itu, Mike keluar dari terowong di sebelah sana. Dia sedang mendahului.

Meanwhile, Mike came out on the other side of the tunnel. He was leading.

Apakah makna kemenangan apabila kawan kamu kalah? dia berfikir.

What kind of a win is that when your friends lose? he thought.

Dalam beberapa saat, Scott tiba di sebelahnya.

In seconds, Scott was next to him.

"Kenapa awak berhenti, Mike?" dia bertanya. "Awak sepatutnya boleh memenangi perlumbaan!"

"Why did you stop, Mike?" he asked. "You could've won the race!"

"Ya, tetapi... Jonny mungkin terperangkap di belakang sana...." kata Mike, sambil melihat ke arah terowong.

"Yeah but... Jonny could be stuck back there...." said Mike, looking towards the tunnel.

Satu detik yang sunyi berlalu pergi.

A moment of silence passed by.

"Perlukah kita pergi memeriksa keadaannya?" tanya Scott.

"Shall we go to check up him?" Scott asked.

Sebuah senyuman terukir di wajah Mike. "Mari kita pergi!" dia menjerit dan berpatah balik.

A smile formed on Mike's face. "Let's go!" he yelled and turned back.

Di hujung terowong yang terhalang, Jonny sedang bersedih. Bukan kerana dia kalah dalam perlumbaan itu tetapi kerana dia kesunyian.

At the blocked tunnel, Jonny was sad. Not because he was losing the race but because he was lonely.

Tiba-tiba—kedengaran bunyi tayar. Itu ialah Scott dan Mike!

Suddenly — sound of wheels. Those were Scott and Mike!

"Mike, mari kita alihkan bongkah batu supaya Jonny boleh melepasinya," kata Scott.

"Mike, let's move these boulders so Jonny can pass," said Scott.

Sekumpulan rakan itu mula berusaha sama-sama, menolak batu itu keluar dari jalan.

The friends started to work together, pushing the rocks out of the way.

Jonny

Ia bukan mudah, tetapi mereka terus menolak dan menolak lagi, dan tidak lama kemudian terdapat ruang yang cukup untuk Jonny melepasinya.

It wasn't easy, but they nudged and nudged and soon there was enough space for Jonny to squeeze through.

Sambil ketawa berdekit-dekit, mereka sampai ke hujung Jalan Bukit.

Giggling, they reached the end of Hill Road.

"Kita telah memenangi perlumbaan ini—kesemua kita!" seru Mike dan Scott.

"We've won the race—all of us!" exclaimed Mike and Scott.

Hanya Jonny yang diam. "Saya telah berkelakuan buruk dengan awak," dia mengakui. "Saya terlambat menyedarinya, sahabat yang saling bersama boleh melakukan lebih banyak perkara. Terima kasih kawan-kawanku, kerana telah menolong saya memahami hal ini!"

Only Jonny was quiet. "I behaved badly with you," he admitted. "I realized it late, guys that together we can do much more. Thank you, my friends, for helping me understand that!"

Tiba-tiba, terdengar bunyi tepukan dan sorakan untuk tiga sekawan yang sangat menakjubkan ini...

Suddenly, there was applause, cheering for this wonderful bunch of three terrific friends...

Sahabat yang menyedari tiada yang lebih baik antara mereka, melainkan apabila bersama.

Friends who discovered that none of them was as good as all of them.

www.ingramcontent.com/pod-product-compliance
Lightning Source LLC
LaVergne TN
LVHW071726230826
846093LV00024B/538

* 9 7 8 1 5 2 5 9 4 0 5 8 3 *